Impressum
Verlag: BABADADA GmbH, Nedderfeld 112 , 22529 Hamburg
Geschäftsführer / Verlagsleitung: Harald Hof
Druck: Books on Demand GmbH, In de Tarpen 42, 22848 Norderstedt

Imprint
Publisher: BABADADA GmbH, Nedderfeld 112 , 22529 Hamburg, Germany
Managing Director / Publishing direction: Harald Hof
Print: Books on Demand GmbH, In de Tarpen 42, 22848 Norderstedt

學校

chikoro

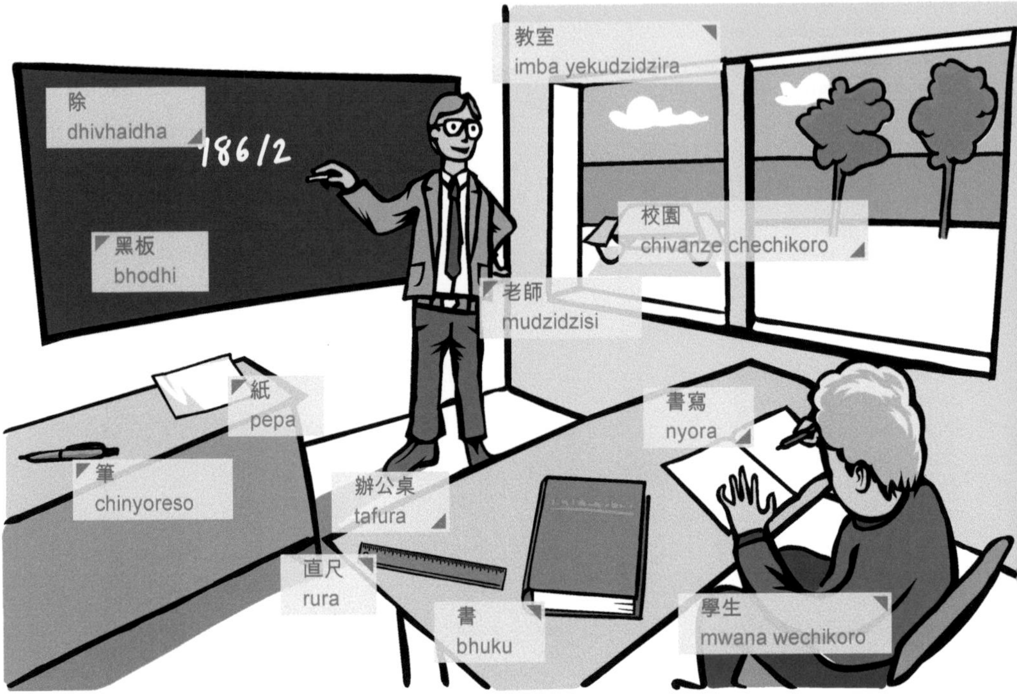

教室
imba yekudzidzira
除
dhivhaidha
186/2
黑板
bhodhi
校園
chivanze chechikoro
老師
mudzidzisi
紙
pepa
書寫
nyora
筆
chinyoreso
辦公桌
tafura
直尺
rura
書
bhuku
學生
mwana wechikoro

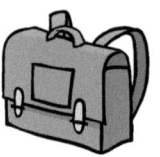

書包
bhegi

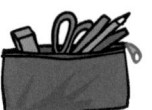

鉛筆盒
chekuchengetera mapenzura

鉛筆
penzura

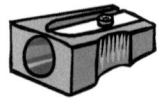

削鉛筆機
chekurodzesa mapenzura

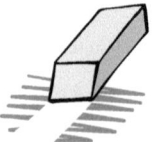

橡皮擦
rabha

畫板
bhuku rekudhirowera mifananidzo

圖畫
mufananidzo wakadhirowewa

畫筆
bhurasho rekupendesa

顏料盒
bhokisi rependi

剪刀
chigero

膠水
guruu

練習冊
bhuku rekunyorera

家庭作業
basa rinoitirwa kumba

12

數字
nhamba

2+2

加
sanganisa

5-2

減
bvisa

2×2

乘
wanziridza

計算
kakureta

A

字母
bhii

ABCDEFG
HIJKLMN
OPQRSTU
VWXYZ

字母表
arufabheti

hello

字
shoko

課文

mashoko

讀

kuverenga

粉筆

choko

上課

chidzidzo

登記

bhuku remazita

考試

bvunzo

證書

setifiketi

校服

yunifomu yekuchikoro

教育

dzidzo

百科全書

encyclopedia

大學

yunivhesiti

顯微鏡

maikorosikopu

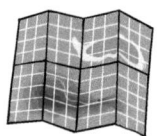

地圖

mepu

廢紙簍

bhini remapepa

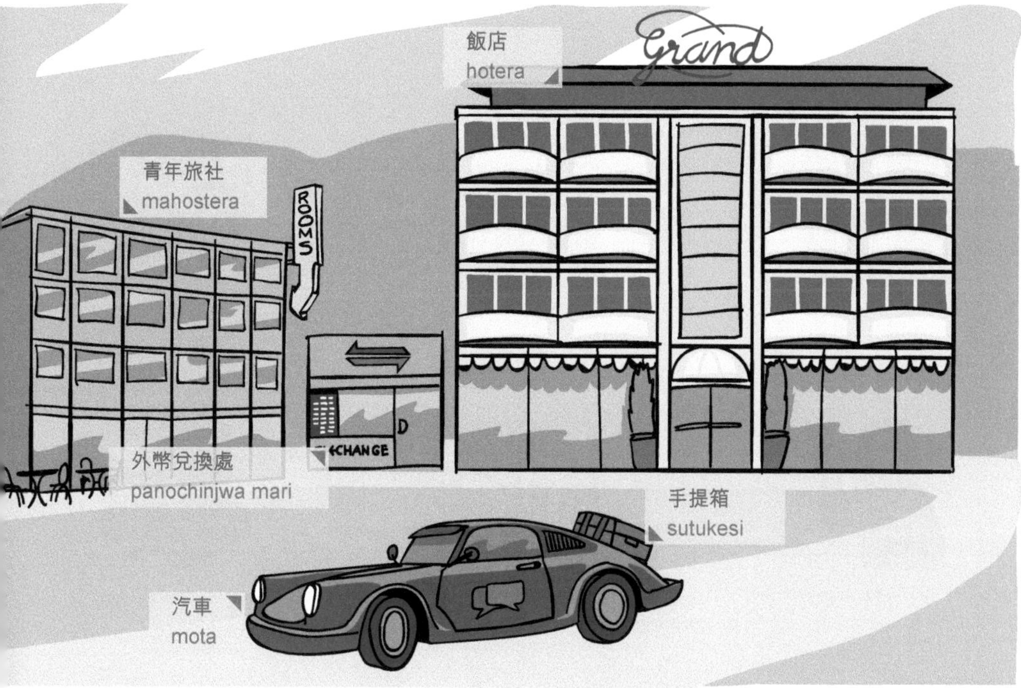

飯店
hotera
Grand
青年旅社
mahostera
ROOMS
外幣兌換處
panochinjwa mari
手提箱
sutukesi
汽車
mota

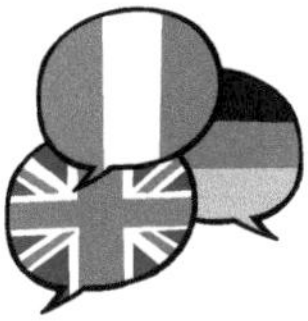

語言

mutauro

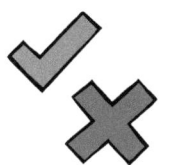

是/否

hongu / kwete

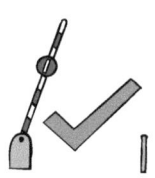

好的

Zvakanaka

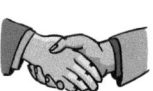

您好

hesi

翻譯人員

mushanduri

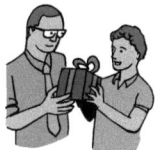

謝謝

Mazvita

......多少錢？

Imarii... ?

我不明白

Handisi kunzwisisa

問題

dambudziko

晚上好！

Manheru!

早上好！

Mangwanani!

晚安！

Murare zvakanaka

再見

toonana

方向

mafambiro

行李

katundu

包

bhegi

背包

bhegi rekumusana

客人

muenzi

房間

imba

睡袋

bhegi rekurarira

帳篷

tendi

旅行資訊
mashoko evafambi

海灘
mahombekombe

信用卡
kadhi rekubhengi

早餐
kudya kwemangwanani

午餐
kudya kwemasikati

晚餐
kudya kwemanheru

票
tiketi

電梯
chikwidzo

郵票
chitambi

邊界
muganhu

海關
vanoona nezvekupinda
munyika

大使館
vamiririri venyika

簽證
vhiza

護照
pasipoti

交通運送

zvifambiso

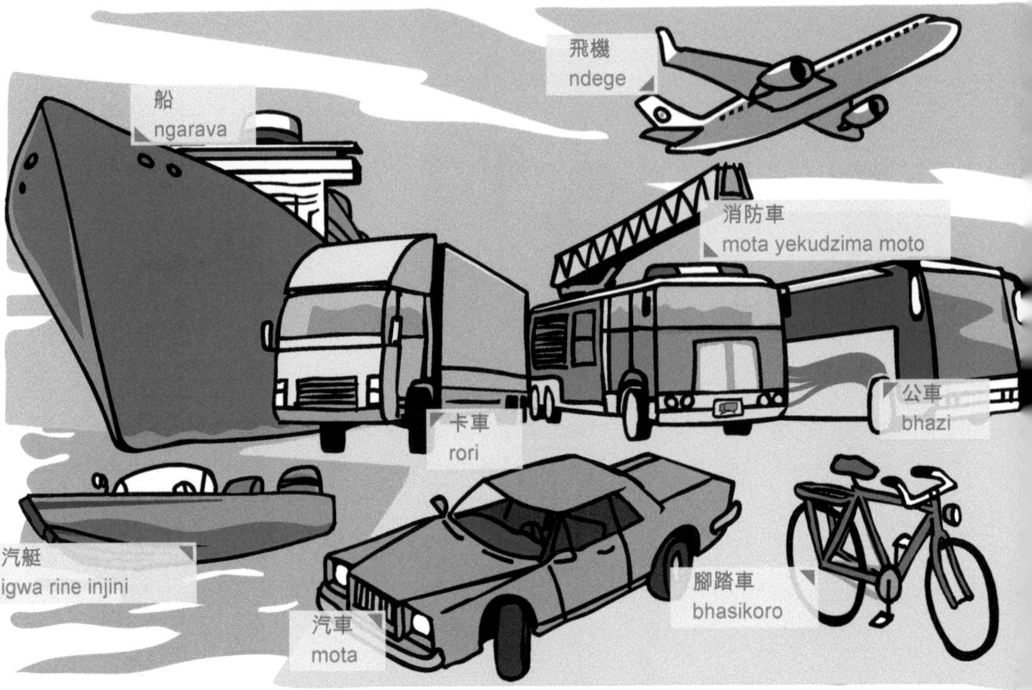
飛機
ndege
船
ngarava
消防車
mota yekudzima moto
公車
bhazi
卡車
rori
汽艇
igwa rine injini
腳踏車
bhasikoro
汽車
mota

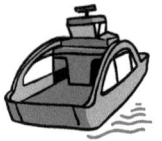

渡輪
igwa

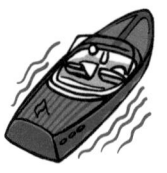

小船
igwa

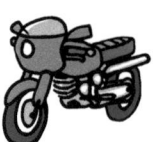

機車
mudhudhudhu

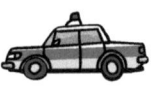

警車
mota yemapurisa

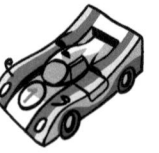

賽車
mota yemujaho

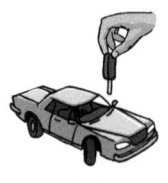

租車
mota yekuhaya

拼車
kuhaya mota

拖車
mota inodhonza dzinenge dzafa

垃圾車
mota yemabhini

馬達
injini

汽油
mafuta

加油站
garaji remafuta

交通標識
chikwangwani chemumugwagwa

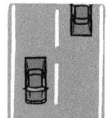

交通
mota

交通堵塞
mota dzakawandisa

停車場
panopakwa mota

火車站
chiteshi chezvitima

軌道
njanji

火車
chitima

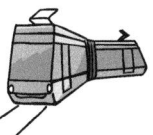

路面電車
tram

客車廂
chitima

直升機

chikopokopo

機場

nhandare yendege

塔

nharire

乘客

mufambi

集裝箱

chikondena

紙板箱

kadhibhodhi bhokisi

手推車

ngoro

籃子

bhasiketi

起飛/降落

simuka / mhara

城市

guta

村莊

musha

市中心

pakati peguta

房子

imba

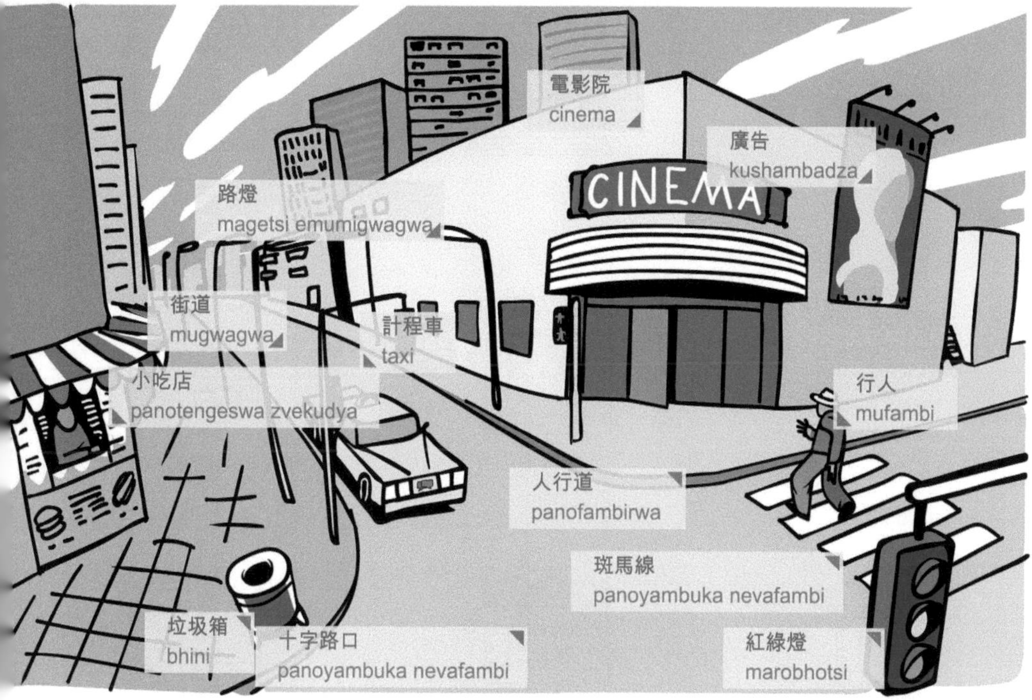

電影院
cinema

廣告
kushambadza

路燈
magetsi emumigwagwa

街道
mugwagwa

計程車
taxi

小吃店
panotengeswa zvekudya

行人
mufambi

人行道
panofambirwa

斑馬線
panoyambuka nevafambi

垃圾箱
bhini

十字路口
panoyambuka nevafambi

紅綠燈
marobhotsi

小屋
imba

公寓
mafurati

火車站
chiteshi chezvitima

市政廳
imba yeguta

博物館
muziyamu

學校
chikoro

大學
yunivhesiti

銀行
bhengi

醫院
chipatara

飯店
hotera

藥房
panotengeswa mishonga

辦公室
hofisi

書店
chitoro chemabhuku

商店
chitoro

花店
panotengeswa maruva

超市
supamaketi

市場
musika

百貨商店
chitoro chine
madhipatimendi

魚店
panotengeswa hove

購物中心
nzimbo ine zvitoro

海港
chiteshi chengarava

公園
paki

長凳
bhenji

橋
bhiriji

樓梯
masitepisi

捷運
nzira inoenda nepasi

隧道
mugwagwa wepasi

公車站
panokwirirwa mabhazi

酒吧
bhawa

餐館
resitorendi

郵筒
bhokisi retsamba

路標
chikwangwani
chemugwagwa

停車計時器
mita yekupaka

動物園
unochengeterwa mhuka

游泳池
kunotuhwinirwa

清真寺
mosque

農場
purazi

污染
kusvibisa

墓地
kumakuva

教堂
chechi

操場
pekutambira

寺廟
temberi

地形

mamiriro akaita nzvimbo

樹葉
shizha

指示牌
chikwangwani

路
nzira

草地
mafuro

石頭
dombo

樹
muti

徒步旅行者
mufambi

河
rwizi

草
uswa

花
ruva

峽谷

mupata

丘陵

gomo

湖

dhamu

森林

sango

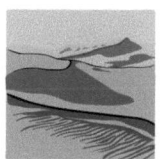

沙漠

gwenga

火山

chikwatamabwe

城堡

zimba

彩虹

muraraungu

蘑菇

hohwa

棕櫚樹

muchindwe

蚊子

umhutu

蒼蠅

nhunzi

螞蟻

svosve

蜜蜂

nyuchi

蜘蛛

buve

甲蟲

chipembenene

青蛙

datya

松鼠

tsindi

刺蝟

nungu

野兔

tsuro

貓頭鷹

zizi

鳥

shiri

天鵝

swan

野豬

nguruve yemusango

鹿

nondo

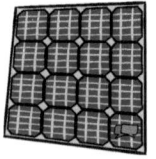

麋鹿

moose

水壩

dhamu

風力發電機

injini yemhepo

太陽能電池板

panero rezuva

氣候

mamiriro ekunze

服務生
hweta

菜譜
menyu

椅子
cheya

湯
supu

披薩餅
pitsa

餐具
zvekushandisa pakudya

桌布
jira repatebhuru

前菜
zvekusosa nzara

主菜
zvekudya

甜點
zvekuseredzera

飲料
zvekunwa

食物
zvekudya

瓶子
bhodhoro

速食

zvekudya zvisingatori nguva kubika

街邊小吃

chikafu chinotengeswa munzira

茶壺

tipoti

糖盒

gabha reshuga

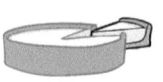

一份飯菜

chidimbu

義式咖啡機

muchina wekofi

高腳椅

cheya yemwana

帳單

bhiri

托盤

tureyi

刀

banga

餐叉

forogo

勺子

chipunu

茶匙

chipunu

餐巾

zvekupukutisa muromo

玻璃杯

girazi

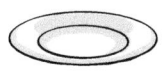

碟子
ndiro

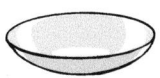

湯盤
ndiro yesupu

碟子
ndiro

醬
supu

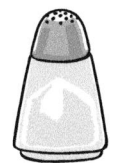

鹽瓶
chekuisira sauti

胡椒研磨罐
chekugaya mhiripiri

醋
vhiniga

食用油
mafuta

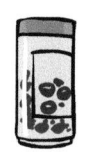

調味料
masipaisi

番茄醬
ketchup

芥末
mustard

美乃滋
mayonaizi

超市

supamaketi

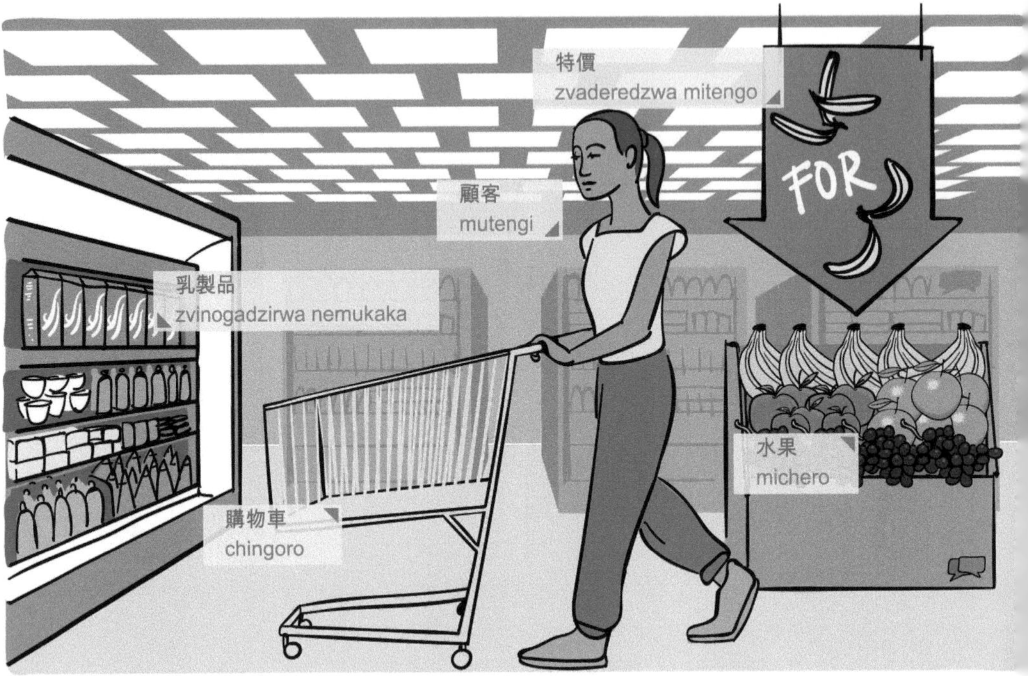

特價
zvaderedzwa mitengo
FOR
顧客
mutengi
乳製品
zvinogadzirwa nemukaka
水果
michero
購物車
chingoro

BUTCHERS

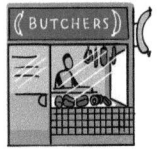

肉鋪

panotengeswa nyama

BAKERY

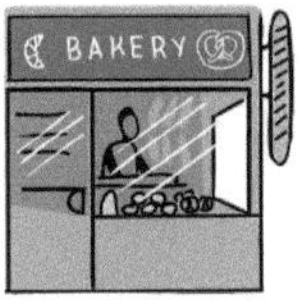

麵包店

panotengeswa chingwa

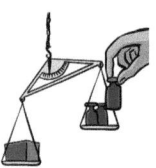

稱重

kuyera

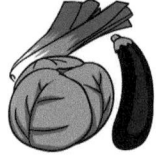

蔬菜

miriwo

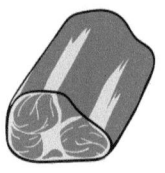

肉

nyama

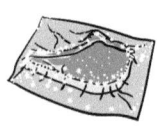

冷凍食品

zvekudya zvakaoma nechando

冷盤

nyama yakatonhora

罐頭食品

zvekudya zvemugaba

洗衣粉

sipo yeupfu yekuwachisa

甜食

masuwiti

日用品

zvekushandisa mumba

清潔用品

zvekuchenesa nazvo

銷售員

mutengesi

收銀機

tiru

收銀員

mutengesi

購物清單

zviri kuda kutengwa

開放時間

nguva dzekuvhura

錢包

chikwama

信用卡

kadhi rekubhengi

袋子

bhegi

塑膠袋

pepa rekuisira

水

mvura

果汁

muto wemichero

牛奶

mukaka

可樂

coke

紅酒

waini

啤酒

doro

酒

doro

可可

cocoa

茶

tii

咖啡

kofi

義式濃縮咖啡

kofi

卡布奇諾

cappuccino

香蕉

bhanana

蘋果

apuro

柳丁

orenji

西瓜

nwiwa

檸檬

ndimu

胡蘿蔔

karotsi

大蒜

gariki

竹子

mushenjere

洋蔥

hanyanisi

蘑菇

hohwa

堅果

nzungu

麵條

manoodle

義大利麵

spaghetti

米飯

mupunga

沙拉

saradhi

薯條

machipisi

炸馬鈴薯

mbatatisi dzakafuraiwa

披薩餅

pitsa

漢堡

chingwa chakaruma nyama

三明治

sangweji

炸豬排

nhindi

火腿

ham

義大利臘腸

salami

香腸

soseji

雞肉

huku

烤肉

gochwa

魚

hove

燕麥片

bota reoats

木斯里

muesli

玉米片

macornflake

麵粉

furawa

牛角麵包

croissant

麵包捲

chingwa

麵包

chingwa

吐司

chingwa chakagochwa

餅乾

mabhisikiti

奶油

bhata

凝乳

ige

蛋糕

keke

蛋

zai

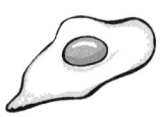

煎蛋

zai rakafuraiwa

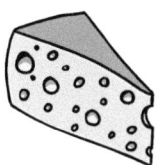

起司

chizi

食物 - zvekudya

冰淇淋

aizikirimu

糖

shuga

蜂蜜

huchi

果醬

jemu

巧克力醬

chocolate yekuzora

咖哩

curry

農場
purazi

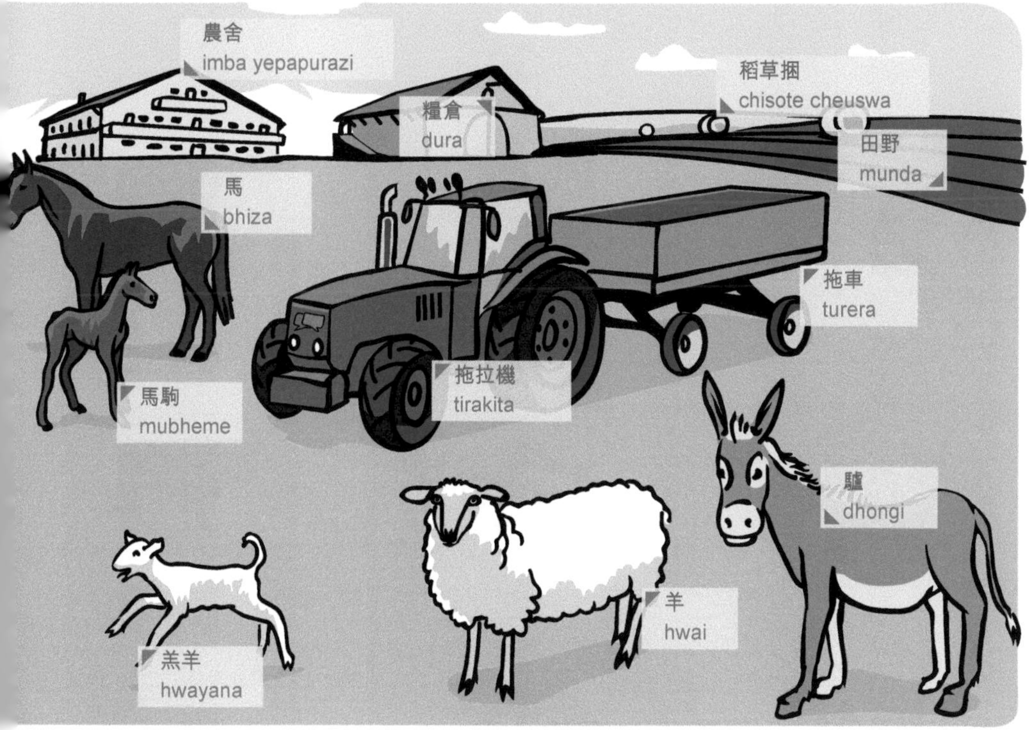

農舍
imba yepapurazi
糧倉
dura
稻草捆
chisote cheuswa
田野
munda
馬
bhiza
拖車
turera
拖拉機
tirakita
馬駒
mubheme
驢
dhongi
羊
hwai
羔羊
hwayana

山羊

mbudzi

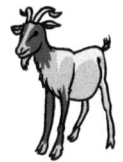

奶牛

mhou

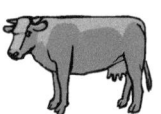

小牛

mhuru

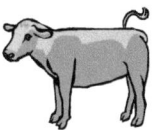

豬

nguruve

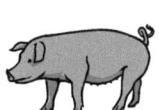

小豬

chigwi

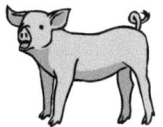

公牛

bhuru

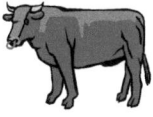

鵝
dhadha

鴨
dhakisi

小雞
nhiyo

母雞
tseketsa

公雞
jongwe

鼠
gonzo

貓
katsi

老鼠
mbeva

牛
dhonza

狗
imbwa

狗屋
imba yembwa

花園澆水軟管
pombi yemvura

澆水壺
keni yekudiridzisa

長柄大鐮刀
jeko

犁
gejo

鐮刀
jeko

鋤頭
badza

長柄草耙
forogo

斧頭
demo

獨輪手推車
bhara

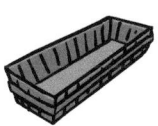

飼料槽
chidyiro

牛奶罐
bhodhoro remukaka

麻布袋
saga

柵欄
fenzi

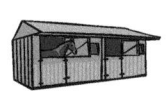

馬廄
danga

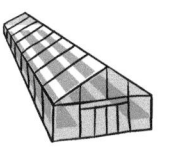

溫室
greenhouse

土壤
ivhu

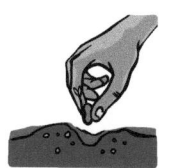

種子
mbeu

肥料
fetereza

聯合收割機
mota yekukohwesa

收割

kukohwa

收割

gohwo

地瓜

mbatatisi

小麥

gorosi

大豆

soya

土豆

mbatatisi

玉米

chibage

油菜籽

rapeseed

果樹

muti wemichero

樹薯

mufarinya

穀物

mbesa

房子
imba

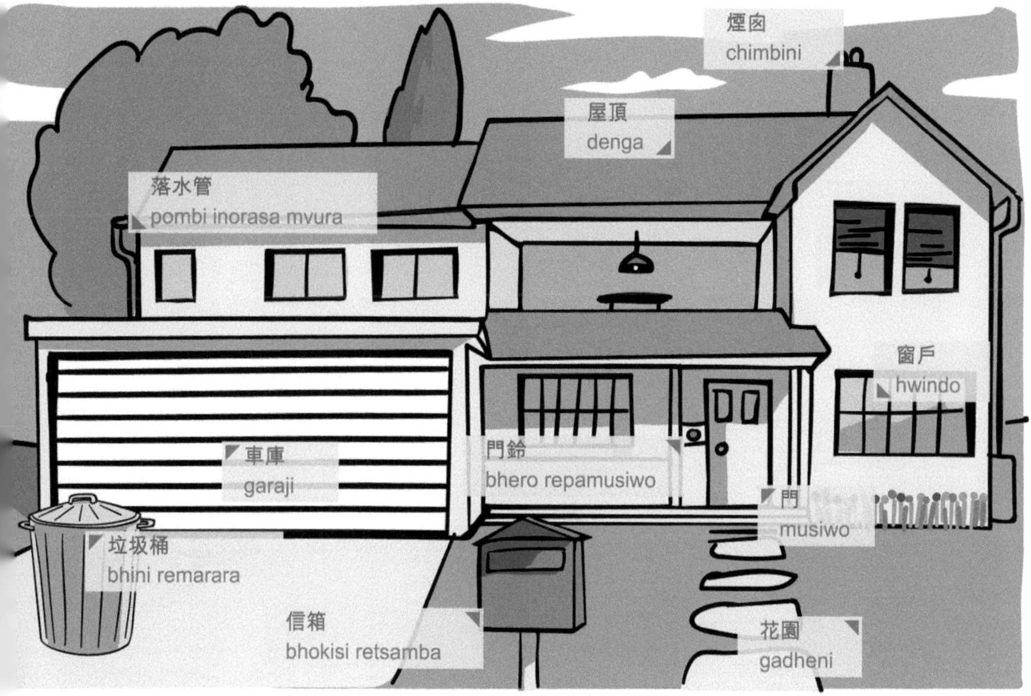

煙囱
chimbini
屋頂
denga
落水管
pombi inorasa mvura
窗戶
hwindo
車庫
garaji
門鈴
bhero repamusiwo
門
musiwo
垃圾桶
bhini remarara
信箱
bhokisi retsamba
花園
gadheni

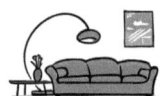

客廳
imba yekutandarira

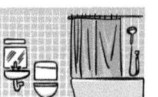

浴室
mekugezera

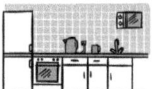

廚房
kicheni

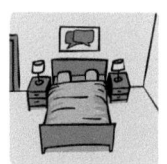

臥室
imba yekurara

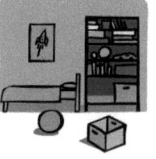

兒童房
imba yemwana

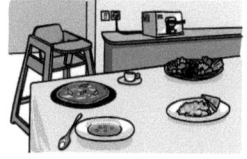

餐廳
imba yekudyira

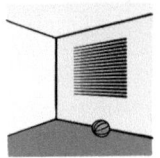

地板
uriri

牆壁
madziro

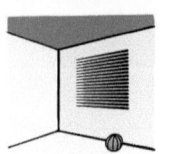

天花板
denga

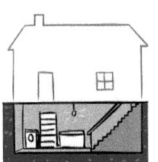

地窖
imba yepasi

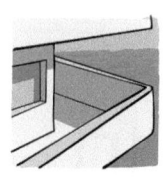

三溫暖
sauna

陽臺
vharanda repadenga

露臺
uriri hwepadenga

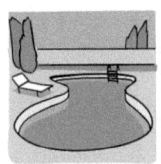

游泳池
dziva rekushambira

割草機
muchina wekuchekesa
uswa

被單
jira

床罩
chekufukidza mubhedha

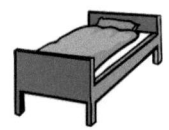

床
mubhedha

掃帚
bhurumu

水桶
bhaketi

開關
suwichi

客廳
imba yekutandarira

壁紙
pepa remadziro
相片
pikicha
檯燈
rambi
擱架
sherufu
櫥櫃
kabhati
電視
TV
壁爐
nzvimbo yemoto
花
ruva
墊子
kusheni
沙發
sofa
花瓶
vhazi
遙控器
rimoti

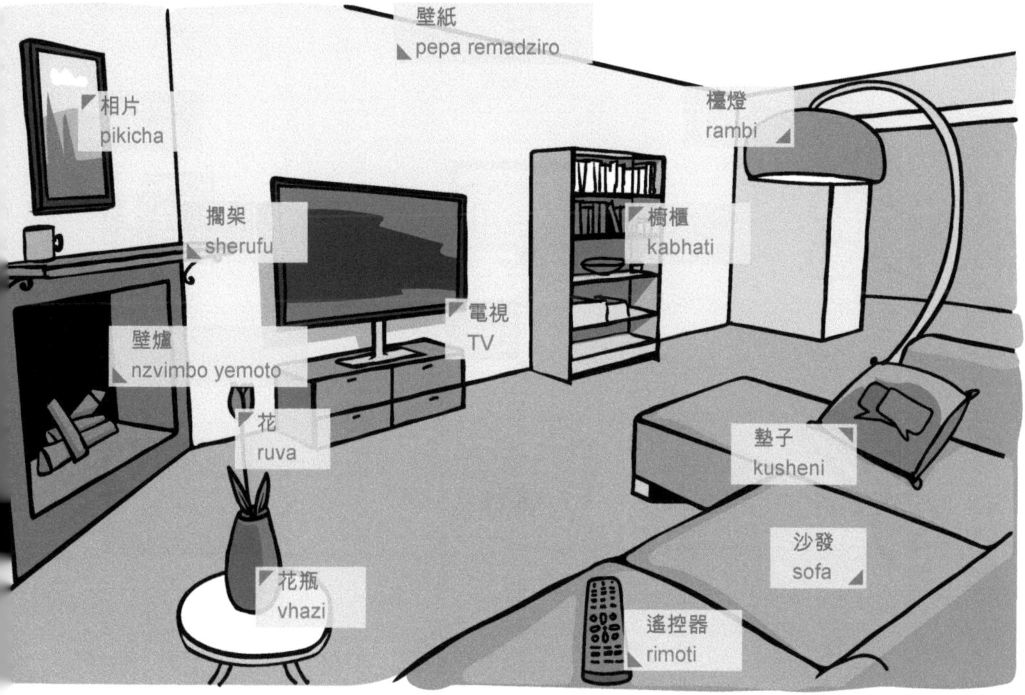

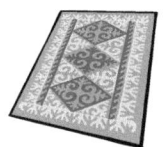

地毯

kapeti

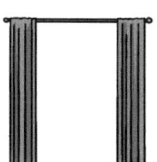

窗簾

keteni

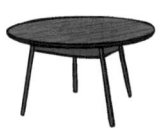

餐桌

tebhuru

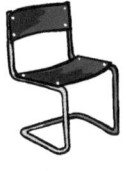

椅子

cheya

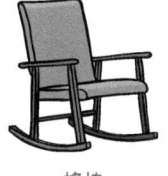

搖椅

cheya inozeya

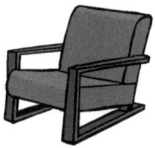

扶手椅

cheya ine pekuisa maoko

書
bhuku

毯子
gumbeze

裝飾品
marongedzero

木柴
huni

電影
firimu

高傳真音響
redhiyo yehi-fi

鑰匙
kii

報紙
pepanhau

油畫
mufananidzo

海報
posita

收音機
redhiyo

筆記本
pekunyorera

吸塵器
muchina wekuhuvhisa

仙人掌
chinanazi

蠟燭
kenduru

廚房
kicheni

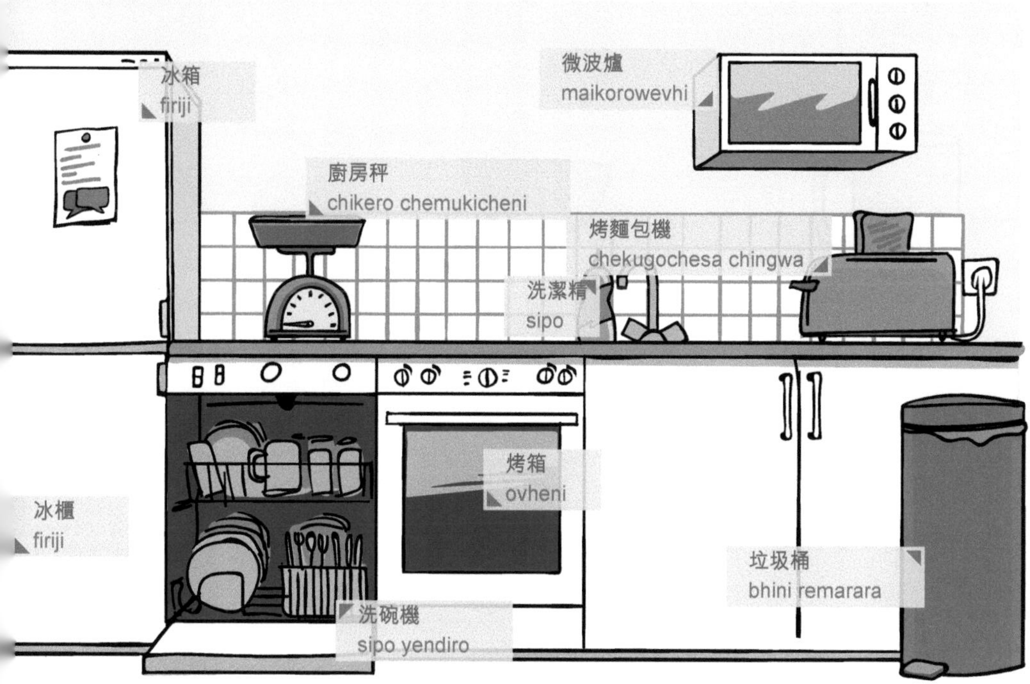
冰箱
firiji
微波爐
maikorowevhi
廚房秤
chikero chemukicheni
烤麵包機
chekugochesa chingwa
洗潔精
sipo
烤箱
ovheni
冰櫃
firiji
垃圾桶
bhini remarara
洗碗機
sipo yendiro

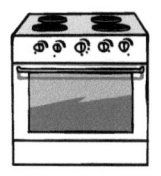

炊具
chitofu

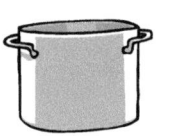

鍋
poto

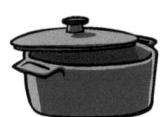

鑄鐵鍋
poto yesimbi

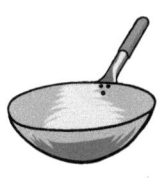

炒鍋
wok / kadai

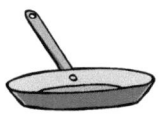

平底鍋
pani

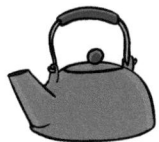

水壺
ketero

蒸鍋

chekubikisa neutsi
hwemvura

烤盤

turei yekubhekesa

陶瓷鍋

ndiro

馬克杯

kapu

碗

dishi

筷子

tumiti twekudyisa

長柄勺

chipunu

鏟子

chipunu

攪拌器

chekusanganisisa

濾網

chekukunisa

篩子

chekukunisa

磨碎機

chekugiretesa

研缽

duri

燒烤

chiwaya

明火

moto

菜板
chekuchekera

擀麵杖
chekutsimbiririsa
mukanyiwa

開瓶器
chekuvhurisa mabhodhoro
ewaini

罐子
tini

開罐器
chekuvhurisa tini

隔熱手套
girovhosi rekubatisa
zvinopisa

水槽
singi

刷子
bhurasho

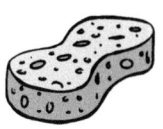

海綿
chipanji

攪拌機
chinosanganisa

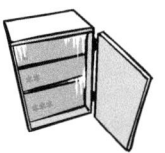

冷藏箱
firiji

奶瓶
bhodhoro remwana

水龍頭
pombi

浴室

mekugezera

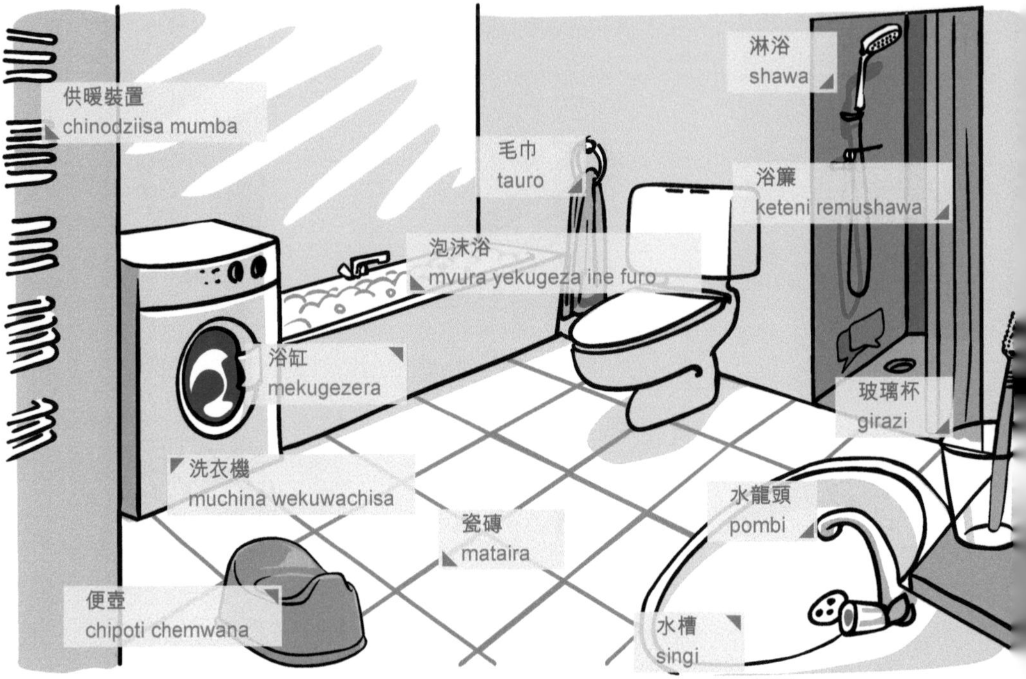

供暖裝置
chinodziisa mumba
淋浴
shawa
毛巾
tauro
浴簾
keteni remushawa
泡沫浴
mvura yekugeza ine furo
浴缸
mekugezera
玻璃杯
girazi
洗衣機
muchina wekuwachisa
水龍頭
pombi
瓷磚
mataira
便壺
chipoti chemwana
水槽
singi

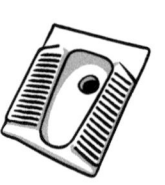

廁所

toireti

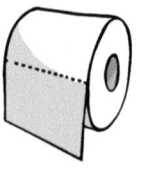

蹲便器

toireti yegomba

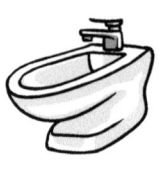

坐浴器

chemba

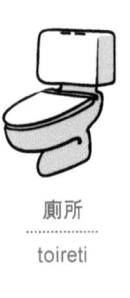

小便斗

chekuitira weti chevarume

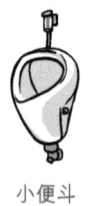

廁紙

pepa remutoireti

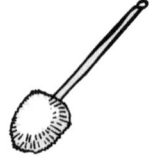

馬桶刷

bhurasho remutoireti

牙刷

bhurasho remazino

牙膏

mushonga wemazino

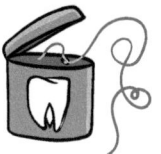

牙線

tambo yekugezesa mazino

洗

kugeza

手持式蓮蓬頭

shawa yekuita zvekubata

沖洗器

douche

洗臉盆

bheseni

洗背刷

bhurasho remusoro

肥皂

sipo

沐浴露

oo yekugezesa mushawa

洗髮乳

shambuu

法蘭絨

chekugezesa

排水

dhireni

乳霜

mafuta

除臭劑

chinonhuwirira

鏡子

girazi

手鏡

girazi remumaoko

刮鬍刀

chekugeresa ndebvu

刮鬍泡沫

furo rekugeresa ndebvu

鬍後水

mafuta ekuzora wagera
ndebvu

梳子

kamu

刷子

bhurasho

吹風機

chekuomesa bvudzi

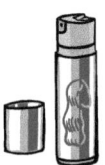

噴髮定型劑

mushonga wekupfapfaidza
musoro

化妝品

zvekupodesa

唇膏

chekupendesa muromo

指甲油

chekupendesa nzara

化妝棉

donje

指甲剪

chigero chenzara

香水

pefiyumu

洗漱包

bhegi rezvekugezesa

凳子

chituro

計重秤

chikero

浴袍

bathrobe

橡膠手套

magirovhosi erabha

衛生棉條

tampon

衛生棉

pedhi

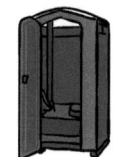

化學廁所

toireti inotakurwa

兒童房

imba yemwana

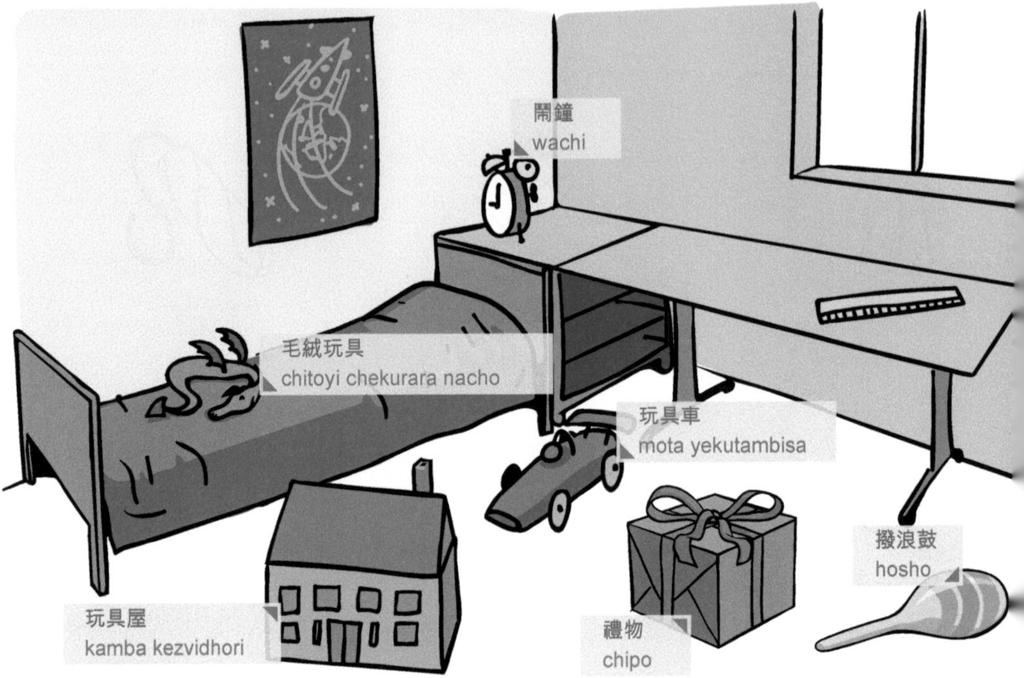

鬧鐘
wachi
毛絨玩具
chitoyi chekurara nacho
玩具車
mota yekutambisa
撥浪鼓
hosho
玩具屋
kamba kezvidhori
禮物
chipo

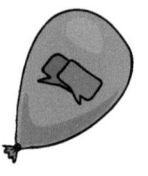

氣球

chibharuma

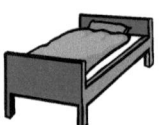

床

mubhedha

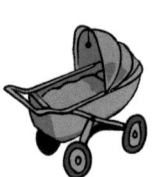

嬰兒車

purema

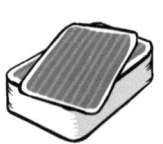

撲克牌

makadhi ekutamba

拼圖

puzzle

SUPER
MEGA

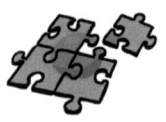

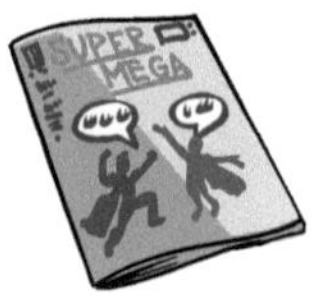

漫畫

makatuni ekuverenga

樂高積木

zvekuvakisa zvinhu

積木玩具

mabhuroko ekuvakisa

公仔

chidhori

嬰兒服

babygrow

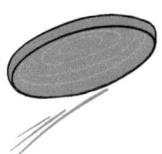

飛盤

chekutambisa uchikanda

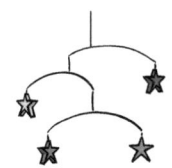

床鈴玩具

zvekuvaraidza mwana

棋盤遊戲

gemu rinotambirwa
pabhodhi

骰子

dhaisi

火車模型

zvitima zvekutambisa

安撫奶嘴

chidhami

派對

mabiko

繪本

bhuku remapikicha

球

bhora

洋娃娃

chidhori

玩

kutamba

沙坑

majecha ekutambira

鞦韆

muzeerere

玩具

zvekutambisa

電玩遊戲

chekutambisa magemu emavhidhiyo

三輪車

kabhasikoro kemavhiri matatu

泰迪熊

teddy bear

衣櫃

wadhiropu

衣服

zvipfeko

襪子

masokisi

長襪

masokisi

緊身褲

matirauzi anobata muviri

圍巾
sikavha

雨傘
amburera

T恤
t-sheti

皮帶
bhandi

靴子
majombo

拖鞋
bhutsu

運動鞋
bhutsu

涼鞋
masanduru

鞋
bhutsu

雨靴
magambutsu

內褲
nduwe

胸罩
bhodhi

背心
vhesi

身體

muviri

褲子

tirauzi

牛仔褲

jini

短裙

siketi

女式襯衫

bhurauzi

襯衫

hembe

套頭衫

bhachi

連帽上衣

chibhachi

西裝夾克

bhachi

夾克

bhachi

外套

jasi

雨衣

renikoti

套裝

koshitomu

連衣裙

dhirezi

婚紗

dhirezi remuchato

西裝

sutu

睡袍

hembe yekurarisa

睡衣

mapijama

莎麗

chari

頭巾

headscarf

包頭巾

heti

波卡

burqa

卡夫坦

kaftan

(阿拉伯式)長袍

abaya

泳衣

hembe yekutuhwinisa

男式泳褲

chikabudura

短褲

chikabudura

運動服

tirekisutu

圍裙

apuroni

手套

magirovhosi

鈕扣

bhatani

眼鏡

magirazi

手鏈

bhenguru

項鍊

chuma

戒指

rin'i

耳環

mhete

便帽

kepisi

衣架

hen'a

帽子

heti

領帶

tai

拉鍊

zipi

安全帽

herumeti

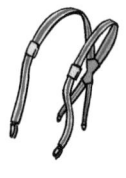

背帶

mabhandi

校服

yunifomu yekuchikoro

制服

yunifomu

圍兜
chibhibhi

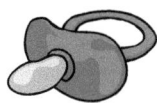

安撫奶嘴
chidhami

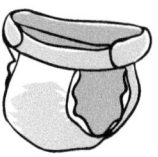

尿布
napukeni

辦公室
hofisi

伺服器
server

檔案櫃
kabhineti

印表機
muchina wekuprindisa

螢幕
sikirini

紙
pepa

辦公桌
tafura

滑鼠
mouse

資料夾
fayera

鍵盤
keyboard

廢紙簍
bhini remapepa

電腦
kombiyuta

椅子
cheya

咖啡杯
kapu yekofi

計算機
kakureta

網際網路
indaneti

筆記型電腦
laptop

信件
tsamba

簡訊
tsamba

行動電話
serura

網路
network

影印機
muchina wekufotokopesa

軟體
software

電話
foni

插座
pekupfekera magetsi

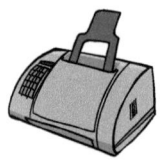

傳真機
muchina wefax

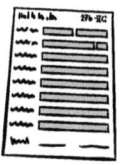

表格
fomu

檔案
gwaro

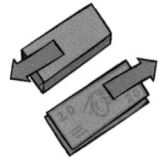

買
kutenga

付錢
kubhadhara

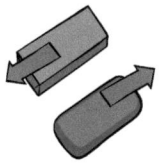

交易
kutengesa

現金
mari

美元
Dhora

歐元
Euro

日元
Yen

盧布
rouble

瑞士法郎
Swiss franc

人民幣
renminbi yuan

盧比
rupee

提款處
panobhadharwa

外幣兌換處

panochinjwa mari

金

goridhe

銀

sirivha

石油

mafuta

能源

magetsi

價格

mutengo

合約

chibvumirano

稅金

mutero

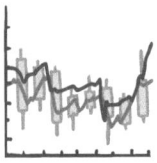

股票

masitoku

工作

kushanda

職員

mushandi

老闆

mushandirwi

工廠

fekitari

商店

chitoro

職業

mabasa

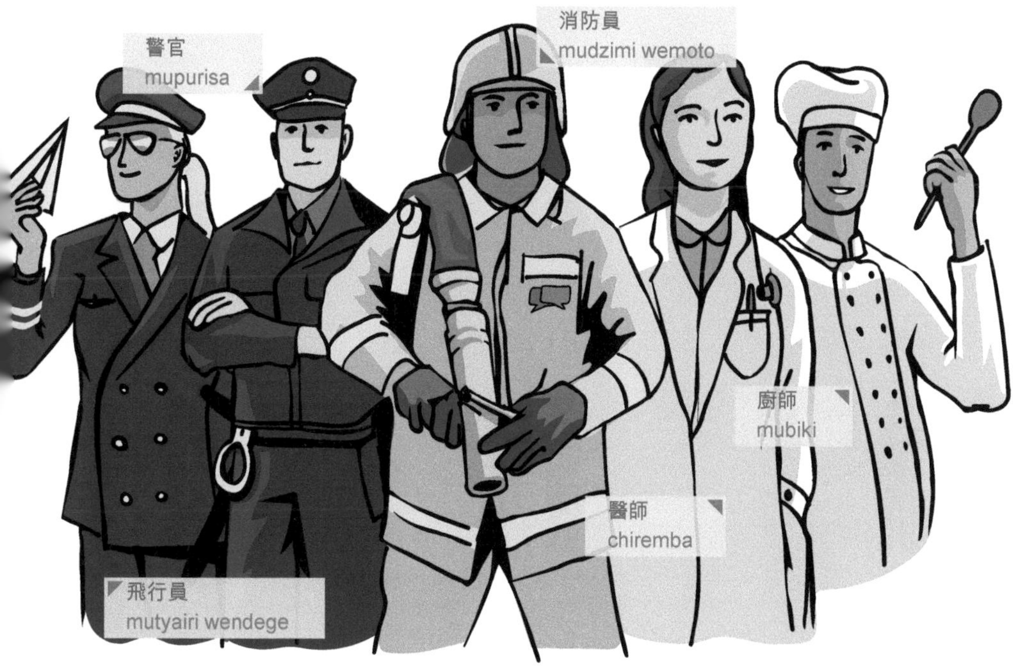
警官
mupurisa
消防員
mudzimi wemoto
廚師
mubiki
醫師
chiremba
飛行員
mutyairi wendege

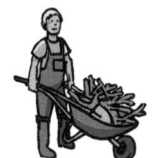

園丁

nushandi wemugadheni

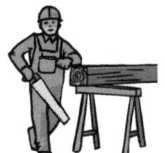

木匠

muvezi

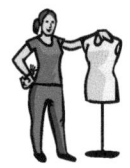

裁縫

mukadzi anosona

法官

mutongi

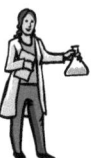

化學家

anoita zvemishonga

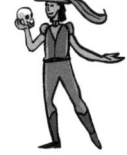

演員

ekita

公車司機

mutyairi webhazi

計程車司機

mutyairi wetaxi

漁夫

muredzi

清洗女工

mudzimai anochenesa

屋頂工

anogadzira denga

服務生

hweta

獵人

muvhimi

畫家

anopenda

麵包師

mubiki wechingwa

電工

mugadziri wemagetsi

建築工人

muvaki

工程師

injiniya

屠夫

mushandi wemubhucha

水管工

puramba

郵差

positimeni

士兵

musoja

建築師

anoita mapurani edzimba

收銀員

mutengesi

花農

mugadziri wemaruva

理髮師

mugadziri wemusoro

售票員

kondakita

機械技師

makanika

船長

kaputeni

牙醫

chiremba wemazino

科學家

musayindisti

拉比

rabbi

伊瑪目

imam

和尚

mumonk

牧師

mufundisi

工具
maturusi

鐵錘
sando
鉗子
pinjisi
螺絲起子
sikuruudhiraivha
扳手
chipanera
手電筒
tochi

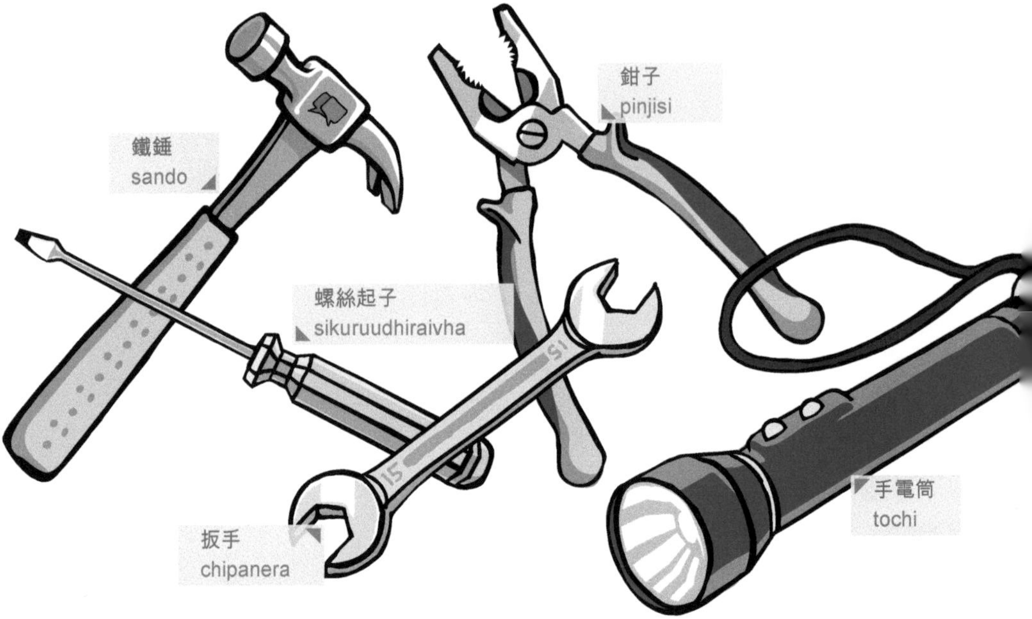

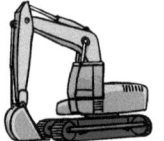

挖掘機
chikatapira

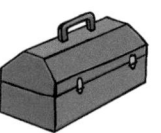

工具箱
bhokisi rematurusi

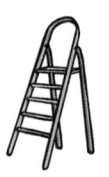

梯子
manera

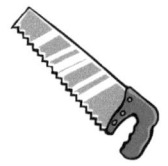

鋸子
saha

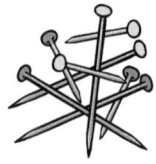

釘子
zvipikiri

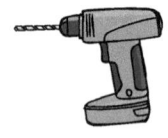

鑽機
chibooreso

修
kugadzira

鏟子
foshoro

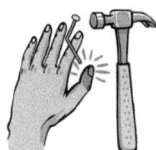

糟糕！
Nxa!

畚箕
chidyoreso

油漆桶
gaba rependi

螺絲
masikuruu

樂器
zviridzwa

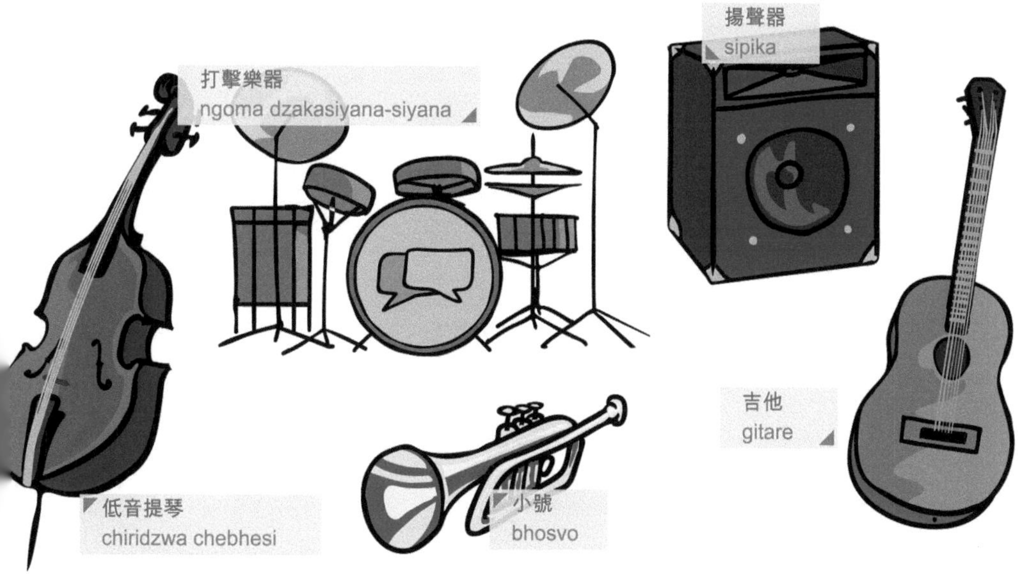

揚聲器
sipika

打擊樂器
ngoma dzakasiyana-siyana

吉他
gitare

低音提琴
chiridzwa chebhesi

小號
bhosvo

鋼琴

piyano

小提琴

violin

貝斯

gitare rebhesi

定音鼓

ngoma

鼓

ngoma

電子琴

piyano yemagetsi

薩克斯風

saxophone

長笛

nyere

麥克風

maikorofoni

動物園

munochengeterwa mhuka

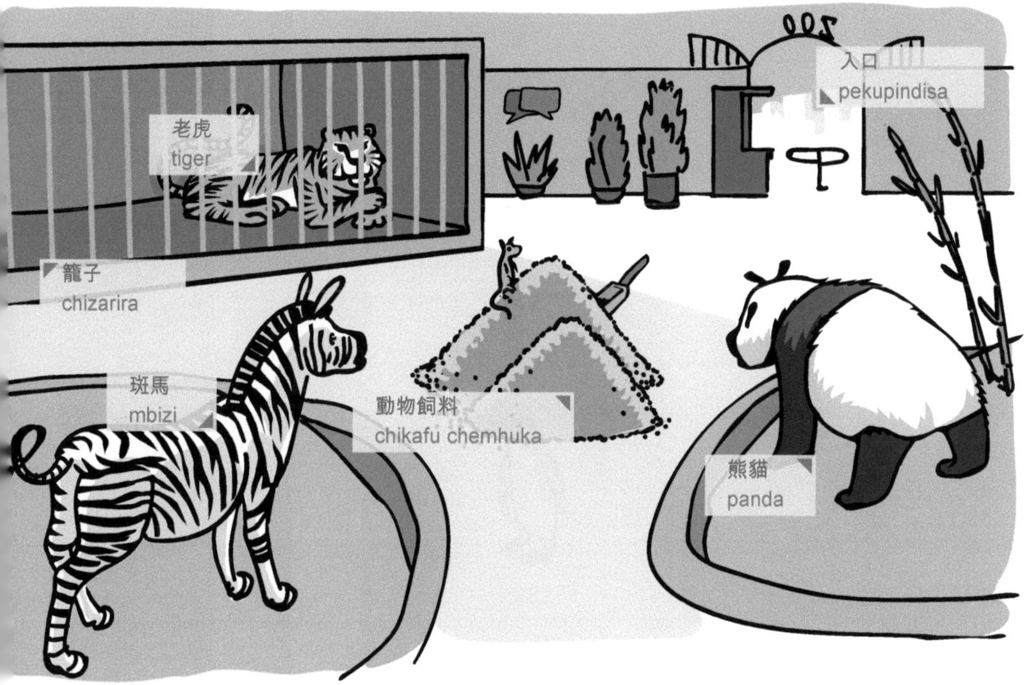

入口
pekupindisa
老虎
tiger
籠子
chizarira
斑馬
mbizi
動物飼料
chikafu chemhuka
熊貓
panda

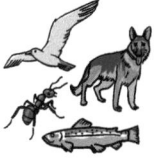

動物

mhuka

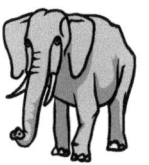

大象

nzou

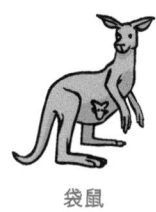

袋鼠

kangaruru

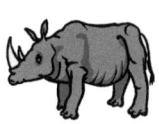

犀牛

chipembere

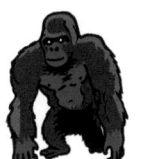

大猩猩

gorilla

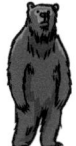

熊

bear

駱駝

ngamera

鴕鳥

mhou

獅子

shumba

猴子

tsoko

紅鶴

flamingo

鸚鵡

parrot

北極熊

bear rekuchando

企鵝

penguin

鯊魚

shark

孔雀

pikoko

蛇

nyoka

鱷魚

garwe

動物園管理員

muchengeti wenzvimbo
yemhuka

海豹

seal

美洲豹

jaguar

矮種馬

nyurusi

豹

ingwe

河馬

mvuu

長頸鹿

twiza

老鷹

gondo

野豬

nguruve yemusango

魚

hove

龜

kamba

海象

walrus

狐狸

gava

羚羊

nhoro

橄欖球
bhora rekuAmerica

騎腳踏車
kuchovha

網球
tenisi

籃球
bhora rebhasiketi

游泳
kutuhwina

拳擊
tsiva

冰球
hockey yemuchando

美式足球

nhabvu

羽毛球

badminton

田徑

zvekumhanya

手球

bhora remaoko

滑雪

kuita ski

馬球

polo

跳 kusvetuka

擁抱 kumbundira

笑 kuseka

走路 kufamba

唱 kuimba

祈禱 kunyengetera

親吻 kutsvoda

做夢 kurota

書寫
nyora

畫
kudhirowa

展示
kuratidza

推
kusunda

給
kupa

拿
kutora

有
kuva ne

做
kuita

當
kuva

站
kumira

跑
kumhanya

拉
kudhonza

丟
kukanda

摔倒
kudonha

躺
kurara

等待
kumirira

攜帶
kutakura

坐
kugara

穿衣
kupfeka

睡覺
kurara

醒來
kumuka

看
kutarisa

哭
kuchema

擊
kupuruzira

梳頭
kukama

交談
kutaura

明白
kunzwisisa

問
kubvunza

聽
kuteerera

喝
kunwa

吃
kudya

清理
kuchenesa

愛
kuda

做飯
kubika

開車
kutyaira

飛
kubhururuka

航行

kufambiswa nemhepo

計算

kakureta

讀

kuverenga

學習

kudzidza

工作

kushanda

結婚

kuroora / kuroorwa

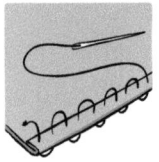

縫

kusona

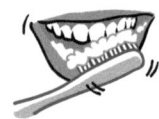

刷牙

kukwesha mazino

殺

kuuraya

抽菸

kuputa

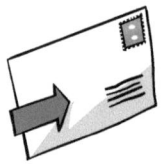

寄

kutumira

祖母
ambuya

祖父
sekuru

父親
baba

母親
amai

嬰兒
mwana

女兒
mwanasikana

兒子
mwanakomana

客人

muenzi

阿姨

tete

叔叔

sekuru

兄弟

hanzvadzikomana

姐妹

hanzvadzisikana

身體

muviri

前額
huma
眼睛
ziso
肩膀
bendekete
手指
munwe
臉
chiso
下巴
chirebvu
手
ruoko
腿
gumbo
乳房
chipfuva
手臂
ruoko

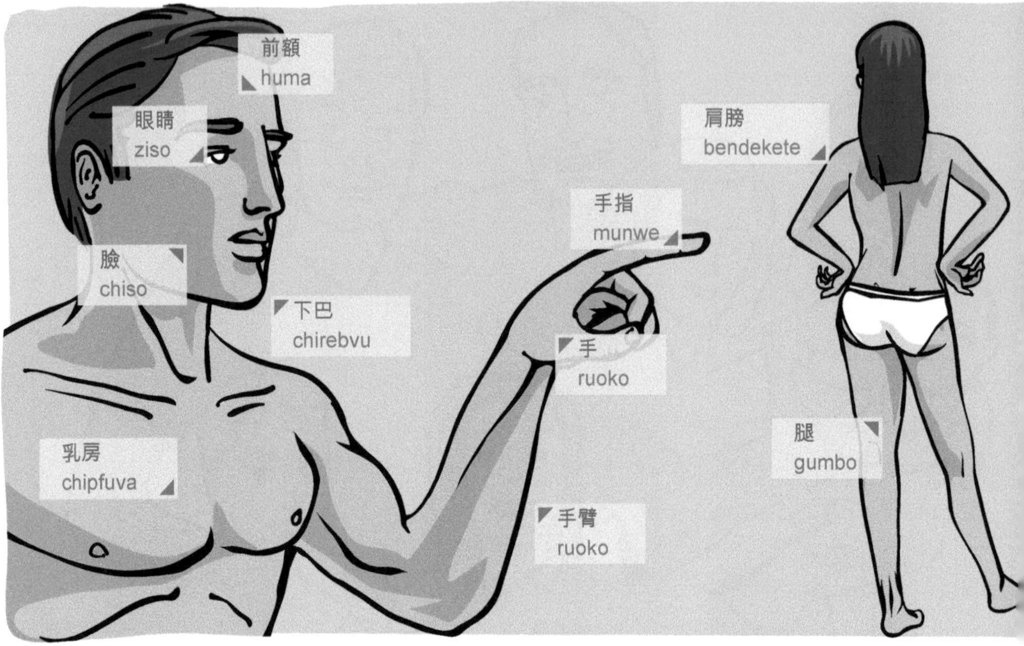

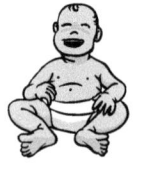

嬰兒

mwana

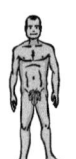

男人

murume

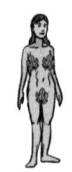

女人

mukadzi

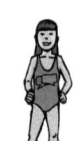

女孩

musikana

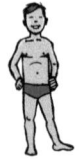

男孩

mukomana

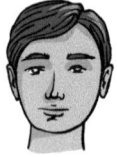

頭

musoro

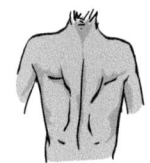

背部

musana

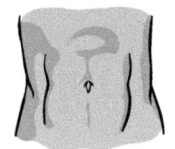

肚子

dumbu

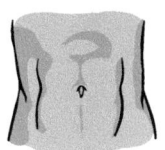

肚臍

guvhu

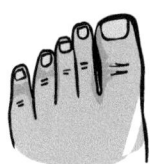

腳趾

chigunwe

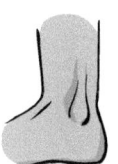

腳後跟

chitsitsinho

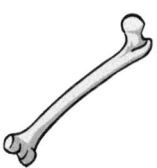

骨頭

bhonzo

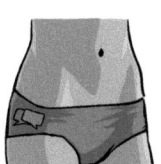

臀部

hudyu

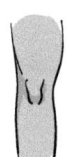

膝蓋

ibvi

手肘

gokora

鼻子

mhino

屁股

garo

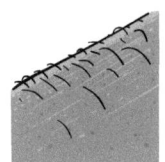

皮膚

ganda

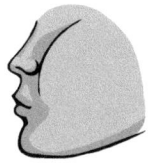

臉頰

dama

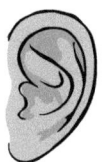

耳朵

nzeve

嘴唇

muromo

嘴

mukanwa

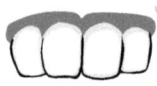

牙齒

zino

舌頭

rurimi

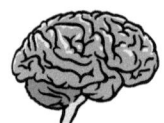

腦

uropi

心臟

mwoyo

肌肉

tsandanyama

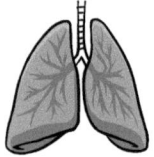

肺

bapu

肝臟

chitaka

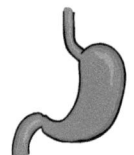

胃

dumbu

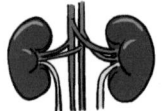

腎臟

itsvo

性交

kuita bonde

保險套

kondomu

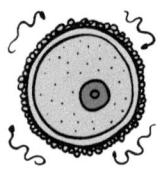

卵子

zai

精子

urume

懷孕

nhumbu

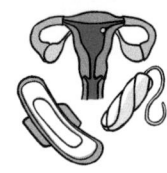

月事
kuenda kumwedzi

陰道
sikarudzi

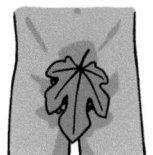

陰莖
mboro

眉毛
tsiye

頭髮
bvudzi

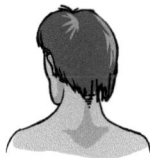

脖子
mutsipa

醫院

chipatara

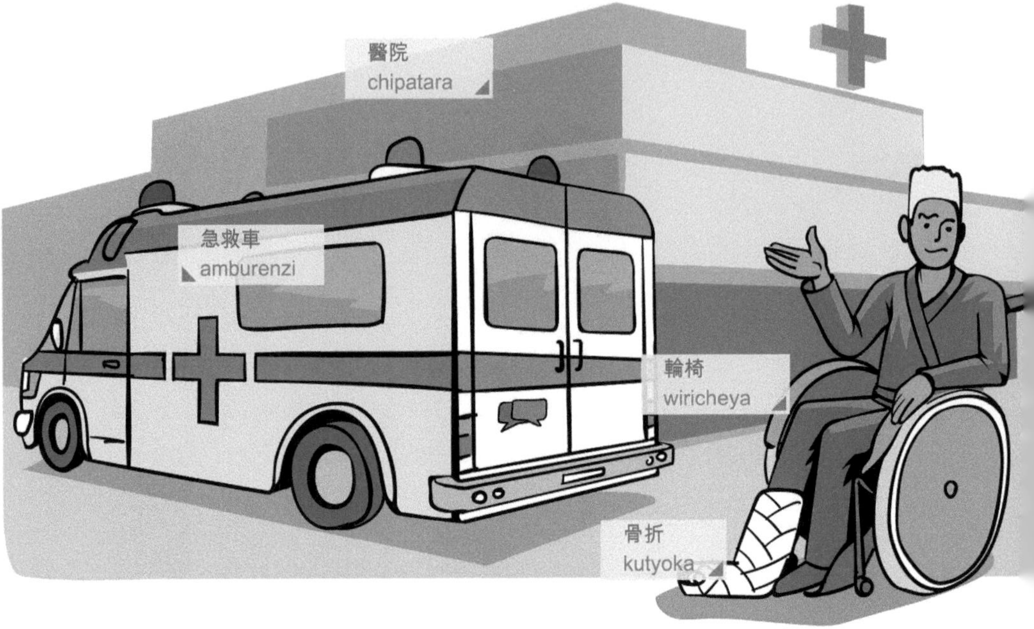

醫院
chipatara
急救車
amburenzi
輪椅
wiricheya
骨折
kutyoka

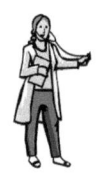

醫師

chiremba

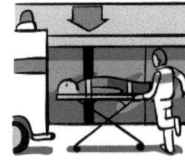

急診室

imba yerubatsiro

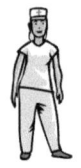

護理師

nesi

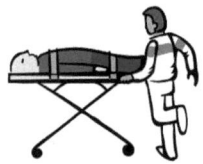

緊急情形

zvekukurumidza

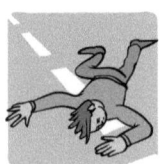

昏迷

kufenda

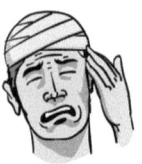

痛

rwadza

受傷

kukuvara

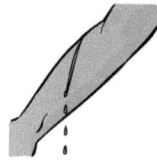

出血

kubuda ropa

心臟病發作

kuerekana mwoyo
usisashandi

中風

kuoma rutivi

過敏

zvinorwarisa

咳嗽

chikosoro

發燒

fivha

流感

furuu

腹瀉

manyoka

頭痛

kutemwa nemusoro

癌症

mhuka

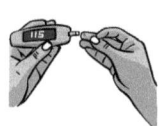

糖尿病

chirwere cheshuga

外科醫師

muvhiyi

手術刀

kabanga keoparesheni

手術

oparesheni

電腦斷層掃描

CT

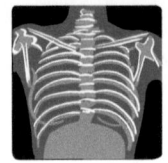

X光

x-ray

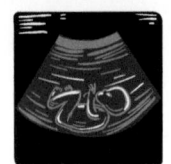

超音波

ultrasound

口罩

chekuvharisa mhino nemuromo

疾病

chirwere

候診室

mekumirira kurapiwa

拐杖

chidhondoro

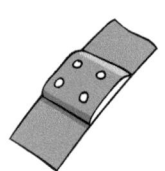

石膏

purasita

繃帶

bhandiji

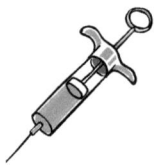

注射

jekiseni

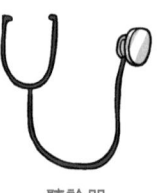

聽診器

chekuteerera nacho mukati

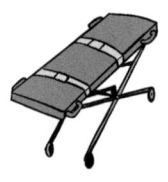

擔架

kamubhedha kemurwere

體溫計

chekutoresa nacho tembiricha

出生

kuzvara

超重

kufuta

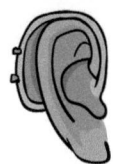

助聽器

chekubatsira kunzwa

消毒液

mushonga unouraya
utachiona

感染

utachiona

病毒

vhairasi

愛滋病

HIV / AIDS

藥物

mushonga

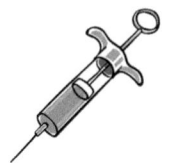

接種疫苗

kudzivirira zvirwere

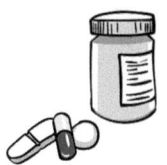

藥片

mapiritsi

藥丸

piritsi

急救電話

kufonera rubatsiro ipapo
ipapo

血壓計

muchina wekuyeresa BP

生病/健康

kurwara / kugwinya

救命！
Maiwe!

警報
bhero

突擊
kurwisa

攻擊
kurwisa

危險
ngozi

緊急出口
pekupuda napo zvechimbi-chimbi

失火了！
Moto!

滅火器
chekudzimisa moto

意外
tsaona

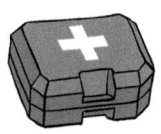

急救箱
zvinhu zvefirst aid

呼救訊號
SOS

員警
mapurisa

歐洲

Europe

北美洲

Kuchamhembe kweAmerica

南美洲

Kumaodzanyemba
kweAmerica

非洲

Africa

亞洲

Asia

澳洲

Australia

大西洋

Atlantic

太平洋

Pacific

印度洋

Nyanza yeIndia

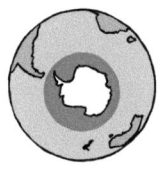

南冰洋

Nyanza yeAntarctic

北冰洋

Nyanza yeArctic

北極

Kuchamhembe

南極

Kumaodzanyemba

南極洲

Antarctica

地球

Nyika

陸地

nyika

海

gungwa

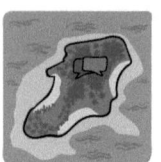

島

chitsuwa

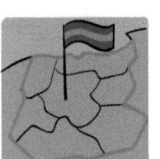

國家

nyika

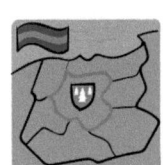

州

nyika

錶盤

wachi

時針

chinongedza awa

分針

chinongedza miniti

秒針

chinongedza masekondi

現在幾點？

Inguvai?

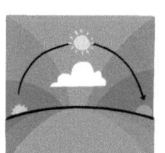

天

zuva

時間

nguva

現在

izvozvi

電子錶

wachi yemanhamba

分

miniti

時

awa

週

vhiki

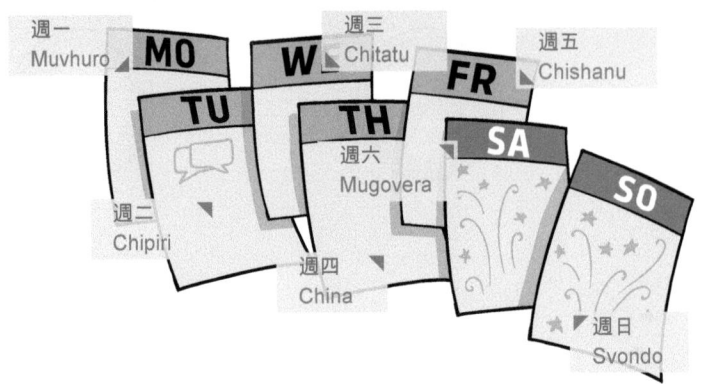

週一 Muvhuro
週二 Chipiri
週三 Chitatu
週四 China
週五 Chishanu
週六 Mugovera
週日 Svondo

昨天

nezuro

今天

nhasi

明天

mangwana

早晨

mangwanani

中午

masikati

晚上

manheru

工作日

mazuva ebasa

週末

kupera kwevhiki

雨
mvura

彩虹
muraraungu

風
mhepo

雪
chando

春
chirimo

夏
zhizha

秋
matsutso

冬
chando

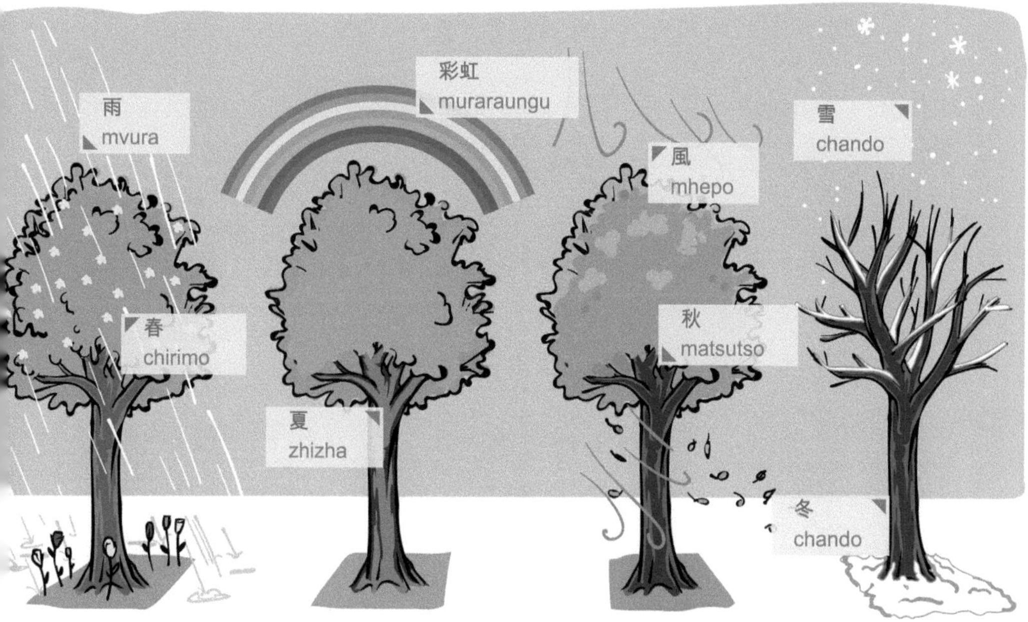

天氣預告

mamiriro ekunze
anofungidzirwa

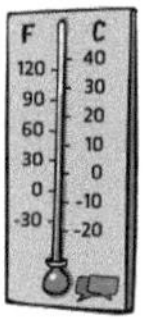

溫度計

chekutoresa tembiricha

陽光

zuva

雲

makore

霧

mhute

潮濕

hunyoro

閃電

mheni

打雷

kutinhira

風暴

dutu

冰雹

chivhuramabwe

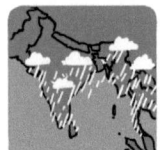

季風

mhepo ine mvura

洪水

mafashamo

冰

mazaya echando

一月

Ndira

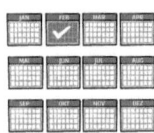

二月

Kukadzi

三月

Kurume

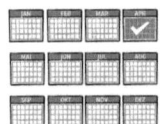

四月

Kubvumbi

五月

Chivabvu

六月

Chikumi

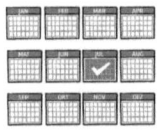

七月

Chikunguru

八月

Nyamavhuvhu

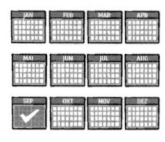

九月

Gunyana

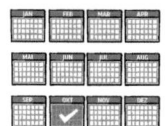

十月

Gumiguru

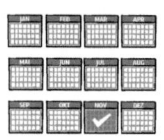

十一月

Mbudzi

十二月

Zvita

形狀
mashepu

圓形

denderedzwa

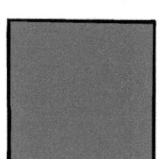

正方形

sikweya

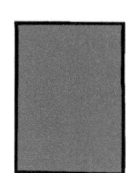

長方形

rectangle

三角形

triangle

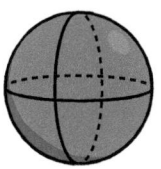

球體

bhora

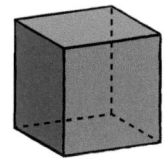

立方體

bhokisi

白

chena

黃

yero

橙

orenji

粉

pingi

紅

tsvuku

紫

pepuru

藍

bhuruu

綠

girini

棕

kaki

灰

gireyi

黑

nhema

很多/少許

zvakawanda / zvishoma

生氣/平靜

hasha / dzikama

美/醜

naka / shata

首/尾

kutanga / kuguma

大/小

hombe / diki

明/暗

jeka / rima

兄弟/姐妹

hanzvadzikomana /
hanzvadzisikana

乾淨/骯髒

chena / sviba

完整/缺失

kwana / kusakwana

白天/晚上

masikati / usiku

死/生

yakafa / mhenyu

寬/窄

pamhamha / tetepa

可食用/非食用

unodyiwa / haudyiwi

邪惡/善良

utsinye / mutsa

興奮/無聊

kunakidzwa / kufinhwa

胖/瘦

kobvuka / tetepa

第一/最後

kutanga / kupedzisira

朋友/敵人

shamwari / muvengi

滿/空

rakazara / hairina kuzara

硬/軟

oma / pfava

重/輕

rema / reruka

餓/渴

nzara / nyota

生病/健康

kurwara / kugwinya

非法/合法

zvisiri pamutemo / zviri
pamutemo

聰明/愚笨

kungwara / kupusa

左/右

ruboshwe / rudyi

近/遠

pedyo / kure

新/舊
matsva / matsaru

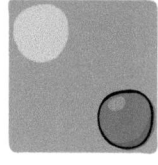

沒有/有些
hapana / chiripo

老/幼
kuru / duku

開/關
batidza/dzima

打開/闔上
vhurika / vharika

安靜/吵鬧
nyarara / ruzha

富/窮
mupfumi / murombo

對/錯
chakanaka / chakaipa

粗糙/光滑
kukasharara /
kutsvedzerera

傷心/高興
kusuwa / kufara

短/長
pfupi / refu

慢/快
nonoka / kurumidza

濕/乾
nyoro / oma

溫暖/涼爽
dziya / tonhora

戰爭/和平
hondo / rugare

0

零

zero

1

一

potsi

2

二

piri

3

三

tatu

4

四

ina

5

五

shanu

6

六

nhanhatu

7

七

nomwe

8

八

sere

9

九

pfumbamwe

10

十

gumi

11

十一

gumi neimwe

12
十二
gumi nembiri

13
十三
gumi netatu

14
十四
gumi neina

15
十五
gumi neshanu

16
十六
gumi nenhanhatu

17
十七
gumi nenomwe

18
十八
gumi nesere

19
十九
gumi nepfumbamwe

20
二十
makumi maviri

100
百
zana

1.000
千
chiuru

1.000.000
百萬
miriyoni

英語

Chirungu

美式英語

Chirungu chekuAmerica

普通話

Mandarin yekuChina

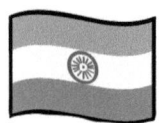

印地語

ChiHindi

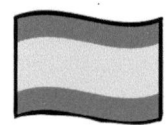

西班牙語

ChiSpanish

法語

ChiFrench

阿拉伯語

ChiArabic

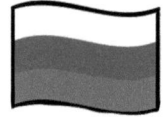

俄語

ChiRussian

葡萄牙語

ChiPortuguese

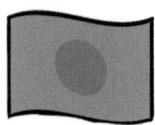

孟加拉語

ChiBengali

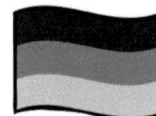

德語

ChiGerman

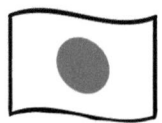

日語

ChiJapanese

我
ini

你
iwe / imi

他/她/它
iye

我們
isu

你們
imi

他們
ivo

誰？
ani?

什麼？
chii?

如何？
sei?

何處？
kupi?

何時？
riini?

名字
zita

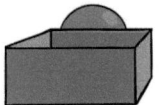

後面

seri

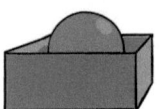

裡面

mukati

前面

pamberi

上方

nepamusoro

上面

pamusoro

下麵

pasi

旁邊

divi

中間

pakati

地點

nzvimbo